NOTICE HISTORIQUE

SUR

LA GROTTE DE LA BALME

(Isère)

ET SES ENVIRONS,

PAR

GABRIEL BONNARDEL.

LYON,
IMPRIMERIE DE BARRET,
Rues Pizay, 11, et Lafont, 8.

—

1853.

LK 7 3223

NOTICE HISTORIQUE

SUR LA GROTTE DE LA BALME
ET SES ENVIRONS.

NOTICE HISTORIQUE

SUR

LA GROTTE DE LA BALME

(Isère)

ET SES ENVIRONS,

PAR

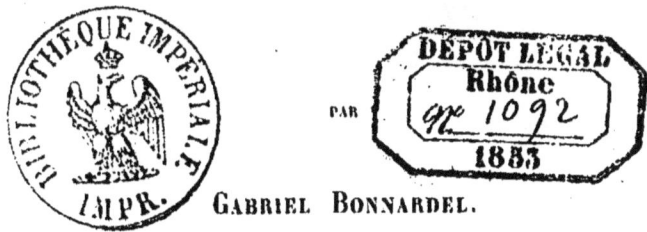

Gabriel Bonnardel.

LYON,

IMPRIMERIE DE BARRET,

Rues Pizay, 11, et Lafont, 8.

—

1853.

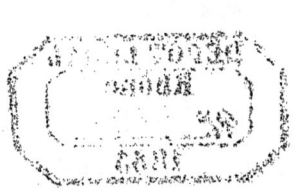

NOTICE HISTORIQUE

SUR

LA GROTTE DE LA BALME

ET SES ENVIRONS.

———————o———————

Cette Grotte est située dans le département de l'Isère, à 45 kilomètres de Lyon.

Les maisons réunies autour de son entrée forment le village de LA BALME.

D'aspect triste, et préparant bien aux impressions de l'excursion souterraine, cette longue suite d'habitations est adossée à un rocher taillé à pic, dernier échelon descendant de la gigantesque chaîne des Alpes. Au sein du rocher s'ouvrent les curieuses galeries souterraines qui forment le sujet de cette notice. Autrefois ces lieux étaient déserts et couverts d'immenses forêts, dont il reste quelques vestiges sur la crête de la montagne, à *Serverin*.

Cette excavation, peu connue dans les temps reculés, fut témoin des cérémonies sanglantes du culte gaulois. Un autel y fut consacré à DIANE

CHASSERESSE. L'on montre encore à l'entrée de la Grotte, dans le lit du torrent, une pierre couverte de sculptures, qui fut, dit-on, l'autel de cette divinité païenne.

A mesure que le Christianisme dissipa l'ignorance de ces temps de barbarie, le prestige attaché à ce temple mystérieux, disparut avec le Druide qui, pendant des siècles, avait seul possédé l'empire de ces lieux. Les sombres ramées de l'antique forêt tombèrent sous la cognée du bûcheron. Peu à peu des cabanes entourèrent cet antre ténébreux, et c'est évidemment à l'existence de la Grotte que le village qui l'entoure doit sa construction et son nom.

Au temps des Celtes-Gaulois, la rive de LA BALME était déserte; mais sur la rive opposée s'élevait une cité : d'après certains historiens, une ville très-ancienne, *Balma*, florissait jadis sur la rive droite du Rhône, en face du village actuel. Cette rive était beaucoup plus rapprochée de la montagne de LA BALME, et le Rhône baignait la base de l'excavation.

En examinant la composition du terrain qui forme la petite plaine entre le fleuve et le village, on reconnaît facilement l'exactitude de cette assertion.

Il n'est pas étonnant que le Rhône ait fait cette déviation au bout de dix-huit siècles, puisqu'à Lyon il baignait les *Balmes viennoises* : « Près des Charpennes, on voyait au commencement de ce siècle, dit M. François Artaud (*Lyon souterrain*, p. 114), une grosse pierre à laquelle pendaient des boucles de fer pour attacher les bateaux. »

Les traces de l'ancienne ville de LA BALME se révèlent dans différents endroits. J'ai vu au *Port de Lagnieu*, dans les terrains voisins du pont de fil de fer qui conduit à cette jolie petite ville, une grande quantité de tombes gauloises, mises à découvert par des travaux de nivellement; les squelettes étaient rangés, les uns à côté des autres, dans des cercueils formés par des briques en terre rougeâtre, ou des lames de rocher.

Près de ces lieux, on a retiré des débris de vases en terre sigillée, des fragments de meules à broyer les grains, des briques ornées de dessins en creux; des coins, des clous, des débris d'armes, etc.

Cette rive, dans les actes de l'antique Chartreuse de Salette (dont on voit les ruines au bord du Rhône), est désignée sous le nom de VILLENEUVE LA BALME.

Ces lieux, habités et délaissés tour à tour, ont été ravagés à la suite des combats sanglants dont ils furent témoins dans les différents âges, depuis les Gaulois jusqu'au temps de la féodalité : les débris de toute espèce que l'on découvre le long des rives du Rhône, le démontrent d'une manière irrécusable.

A peu de distance du village d'Hanton, dans un petit vallon nommé *Creux du Brandon*, on remarque des vestiges considérables d'incendie; ce qui fait présumer que jadis une cité s'éleva dans cet endroit, et fut détruite par les flammes.

Près de ces lieux, dans une autre petite vallée plus rapprochée du Rhône, nommée *Creux de la Morte*, se voient beaucoup d'ossements humains et des tombes. Il en est de même dans un lieu contigu, nommé *Mas de la Rochat*.

A Jaliona en Dauphiné, près de St-Romain, non loin des bords du Rhône et du château de Verna, on découvrit un *tumulus* ou sépulture *gallo-romaine*, au mois de novembre 1818. Ce monticule avait 15 pieds de haut sur 80 de circonférence. En le démolissant, on y a trouvé beaucoup de charbon et de cendre, des ossements brûlés, un casque en cuivre sans ornement, deux longues épées de fer, très-minces et à deux tranchants, dont l'une fixée dans son fourreau, et repliée en trois parties; des ustensiles de cuisine, parmi lesquels on remarque une grande marmite en cuivre battu et tourné; une aiguière, des débris de casseroles également en cuivre jaune. Mais ce qu'il y a de plus remarquable dans cette précieuse découverte, c'est l'ensemble de toutes les ferrures d'un char et des harnais qui ont servi à un attelage antique.

Parmi tous ces restes précieux que possède la

famille de Verna, on distingue quatre moyeux à
rainures en bronze; des clavettes ornées qui ser-
vaient à les retenir dans l'essieu ; des cercles en
fer pour entourer les roues; les accoudoirs du char,
des clous, des boucles, fibules et autres orne-
ments; des mors en fer très-singuliers, faits de
manière à serrer plus ou moins la bouche des
chevaux ; une faux qui faisait partie de l'armure
du char, suivant l'usage des anciens. L'ensemble
de cette découverte extrêmement intéressante fait
présumer que ce tumulus a appartenu à quelque
guerrier gaulois du temps des colonies romaines.

La Balme et ses environs au moyen-âge furent
témoins de plusieurs grands événements : entre
autres la terrible bataille où les troupes lyonnaises,
en 1430, défirent les Bourguignons, et forcèrent
le prince d'Orange, qui voulait s'emparer du Dauphiné, à se sauver à la nage sur son cheval.

Près de Hanton, et sur les hauteurs qui domi-
nent le Rhône et la plaine, se voient les vieilles
masures d'une tour dans laquelle on montrait encore,
il y a quelques années, des boulets en pierre de
tous les calibres, des monnaies du temps et beaucoup d'ossements humains.

Le hameau de La Balme, en raison de sa position,
prit un certain accroissement au XIIe siècle. Les
princes de Savoie, les rois de France, visitèrent
ces lieux; les Dauphins de Viennois y eurent une

*

habitation somptueuse, dont on voit la curieuse
façade ruinée, dans la rue principale. C'est par les
libéralités de ces derniers que fut fondée la Chartreuse des *Dames de Salette*. Ce monastère, de
la plus haute antiquité, est placé près du Rhône ;
c'est dans ces immenses ruines que le voyageur met
pied à terre en sortant du bateau à vapeur, pour
se rendre à la Grotte de La Balme.

L'entrée de la Chartreuse de *Salette* fait face
au village, une belle avenue de tilleuls y conduit ;
la grille élégante ouvre entre deux colonnes sur-
montées par des globes en pierre. Après cette grille
se voit la principale entrée du cloître, pratiquée
dans un pavillon en avancement.

C'est un assez bon morceau d'architecture du
xviie siècle. Au-dessus de cette porte on lit une
inscription commémorative. En pénétrant sous ce
portique l'on passe dans une cour spacieuse où
est l'église des Dames-Chartreuses ; les murs de
cette église sont intérieurement revêtus de pein-
tures représentant des sujets tirés des saintes Écri-
tures ; l'on y voit des hommes à pied et à cheval,
des anges, des fruits, etc., tout cela de grandeur
naturelle. L'on y remarque aussi une piscine et des
petites figures grotesques sculptées aux voûtes, qui
démontrent que cette partie de la chapelle est d'une
époque antérieure à la fondation du monastère.

Près du Rhône est la terrasse, remarquable par

sa belle position. Sur cette galerie, jadis si animée par la vie commune, retentissent à de longs intervalles les pas du visiteur; il retrouve dans ces lieux le calme et la méditation. Les ruines qui recouvrent le sol, le fleuve majestueux qui coule près de lui, la végétation, le paysage si beau, tout parle à son âme et fascine ses regards.

Aux chants sacrés qui s'élevèrent de cette retraite, le choc du marteau démolisseur a succédé. Chaque jour voit détruire quelques parties de cet important édifice qui, dans quelques années, sera totalement perdu pour les arts. Presque toutes les nouvelles constructions de La Balme possèdent des débris de cette ancienne chartreuse.

La Balme, vue de Salette, présente un tableau très-pittoresque : Un rocher gigantesque domine le groupe de maisons dont la base est cachée dans la verdure. Le petit clocher du village semble s'élancer dans l'espace pour mesurer la hauteur du gouffre, puis l'excavation elle-même, caprice étrange de la nature, ouverte dans les flancs du rocher, dont la cime souvent est dissimulée par les nuages.

Sur la droite est situé l'ancien village d'*Amblérieu*; on distingue son château ruiné, adossé à la même suite de montagne. Le dernier seigneur fut M. de Rachais.

Sur la gauche le rocher fait un coude, au pied duquel est situé le village de *Vertrieux*. Le regard se repose délicieusement sur cette partie du paysage; les ruines du château féodal, où résidèrent les seigneurs Bathéon de Vertrieux, se découpent en silhouette obscure, ainsi que la montagne voisine, sur le dernier plan du tableau formé par une autre chaîne de montagnes. Ce rideau gigantesque, abrupte dans le haut, descend dans la plaine transformée en vignobles productifs. Le regard découvre avec plaisir de charmants petits villages et des ruines intéressantes dans ce joli lointain. Un fuyant brumeux et des tons de rochers d'un effet peu commun, complètent ce tableau aussi remarquable que les sites si recherchés de la Suisse.

C'est sur le haut de cette dernière montagne, à deux heures de marche de LA BALME, que l'on voit les belles ruines de la *Chartreuse de Porte*, peu visitées en raison des difficultés des chemins. Ce monastère, dont l'origine remonte au xe siècle, est situé au nord de la petite paroisse de *Benonce-en-Bugey*. Cette maison était la troisième de son ordre, et avait le domaine des montagnes, dont Josserand, archevêque de Lyon, lui accorda l'investiture, au commencement du xie siècle.

A peine le visiteur a-t-il franchi les premières maisons de LA BALME, qu'il peut examiner dans tous ses détails l'entrée de cette grotte surprenante. Le moment où le soleil éclaire de face cette entré c'est-à-dire l'après-midi, est bien le plus convenable pour en voir toutes les beautés. Les rayons du soleil, à ce moment du jour, y pénètrent profondément et en dessinent le fond et la voûte dans leurs moindres détails.

Cette vue majestueuse est un beau sujet d'étude pour le paysagiste. Plusieurs peintres distingués de l'École lyonnaise en ont fait d'attrayants tableaux. L'entrée de la Grotte est semblable à un grand arc de triomphe. Le sommet et les côtés sont revêtus de buissons et de plantes qui croissent dans les crevasses du roc, et qui retombent en touffes et en guirlandes gracieusement groupées. Des plans inclinés de verdure s'élèvent depuis le sol jusqu'à la naissance du rocher taillé à pic.

Sous ce dôme majestueux, qui a 33 mètres depuis sa base jusqu'à la voûte, et 21 mètres de largeur, sont deux chapelles construites l'une près de l'autre. Un escalier découvert conduit, de la barrière qui ferme l'entrée, sur une plate-forme haute de 14 mètres. Les chapelles sont au niveau de cette terrasse : l'une d'elle est dédiée à saint Jean, et l'autre à la Mère du Christ. Une cloche placée dans une niche à jour donne à cet antique monument recouvert par un rocher, un aspect singulièrement original.

De la terrasse des chapelles le visiteur jouit d'une vue vraiment belle, et unique dans son genre : devant lui, c'est-à-dire du côté du village, il voit les campagnes environnantes, la riante verdure, et un beau ciel encadré par l'ouverture de la Grotte. Puis en se retournant il a la terre devant et au-dessus de lui, qui montre ses entrailles, des cavités où un faible jour éclaire d'immenses fragments du rocher, entassés, il semble, par les mains de quelque géant caché dans ce gouffre; les renversements les plus terribles frappent ses regards, des cavernes inaccessibles entr'ouvrent leurs bouches grimaçantes dans le haut de la voûte : tout cela stupéfie, terrorise, et ôte parfois aux gens bien décidés d'abord le courage de pénétrer plus avant dans ces lieux sombres et inconnus.

Ce qui contribue à donner à l'entrée de la Grotte cet air imposant, c'est qu'elle conserve ses belles proportions dans une longueur de 74 mètres environ.

Après avoir joui de la vue si grandiose de cette coupole naturelle, le visiteur, guidé par un habitant du pays, gravit au milieu des décombres la rampe qui monte sensiblement; la voûte, de son côté, va dans le sens contraire. La Grotte alors se divise en deux branches, et l'on perd peu à peu la lumière du jour par une décroissance de tons d'un effet admirable.

L'exploration au flambeau commence à la branche gauche que les guides font prendre ordinairement; le chemin, quoique assez pénible, l'est bien moins

qu'autrefois, parce que les visiteurs y ont tracé
une espèce de sentier. En suivant cette direction,
on arrive bientôt près du superbe amphithéâtre de
bassins, dont toutes les Descriptions de la Grotte
ont parlé; et qui sont en effet bien dignes de l'attention des visiteurs. Sur une largeur de 6 mètres
environ, les eaux ont creusé une quantité de bassins demi-circulaires, recouverts d'un sédiment
blanc, qui déversent leurs eaux les uns dans les
autres par une multitude de petites cascades;
leurs rebords sont arrondis avec grâce, en forme
de lèvres bien polies. Ces jolis bassins vous représentent une série de bénitiers taillés avec soin, et
recouverts de sculptures élégantes; leur nombre
est variable et ne présente pas toujours le même
aspect : tantôt ils se versent leur onde les uns aux
autres comme un château d'eau, ou bien ils sont
presque à sec, et leur blancheur alors est relevée
par de brillantes facettes.

Un peu avant ces admirables bassins, en tirant
sur la gauche, on trouve une espèce de labyrinthe
composé d'excavations ou fissures percées de diverses ouvertures très-variées dans leur direction;
ces passages, de peu d'étendue, semblent occuper
un très-grand espace, ils reviennent constamment
sur eux-mêmes.

Lorsqu'il y a plusieurs visiteurs munis de flambeaux, il se fait un jeu de lumière au travers des fentes et sur les voûtes recouvertes de concrétions du même sédiment à facettes brillantes, ce qui produit des effets très-agréables. Cette partie de la Grotte est nommée Grotte des Diamants.

Plus loin, et en suivant toujours la même direction, on trouve une autre fontaine très-curieuse, surmontée par une grande colonne formée d'un faisceau de petites : près du sol elles se subdivisent en un grand nombre de petites racines, dont le tracé s'amoindrit, et finit par se confondre avec la pierre. Les eaux y ont déposé la matière blanche des stalactites, agréablement ciselée. Pour bien voir tous les détails de cette partie de la Grotte, il faut les considérer de très-près. On compte 147 mètres depuis l'entrée jusqu'à cette colonne. A partir de cet endroit, pour arriver au lac qui termine ce côté de la Grotte, il faut descendre presque autant qu'on a monté, et cette descente n'est pas toujours facile. D'abord c'est une pente de rocher très-inclinée et polie, dans le haut, puis coupée verticalement dans le bas. En avançant, on voit, près du petit chemin tracé sur le rocher, des espèces de puits placés les uns à côté des autres, dont la profondeur varie de 1 mètre et demi à 3 mètres.

Ces bassins, dont les cloisons presque verticales sont recouvertes d'un limon glissant, rendaient autrefois ce passage extrêmement difficile. Actuellement ces difficultés ont été aplanies pour la commodité des visiteurs, mais c'est malheureusement aux dépens de cette œuvre singulière de la nature. — On suppose avec raison que ces puits ont été creusés par le suintement des eaux qui découlent des régions supérieures de la Grotte.

De là, pour arriver au lac il reste une petite distance dont le sol est uni et peu incliné. La voûte, au commencement de ce lac souterrain, varie entre 5 et 6 mètres de hauteur, sur une même largeur ; elle s'étend sur une eau dont la limpidité n'est égalée que par le cristal le plus pur, et qui réfléchit agréablement la lumière.

Depuis la colonne, qui se termine par des racines, jusqu'au bord du lac, on compte 52 mètres environ. Le lac, dans toute sa longueur, a 119 mètres, ce qui donne pour cette partie de la Grotte, depuis l'entrée jusqu'au bout du lac, 318 mètres environ.

L'historien Mézeray rapporte que François Ier, à la suite d'une visite à cette Grotte, promit à deux criminels de leur faire grâce s'ils consentaient à s'aventurer sur ce lac pour en découvrir la fin, ce qu'ils firent au moyen d'un petit batelet qui y avait été transporté à cet effet.

En revenant de leur exploration, ils firent un récit tellement effrayant des dangers qu'ils avaient courus pour éviter certains gouffres, que le prestige et la terreur, déjà si grands, attachés à ce réceptacle des eaux, s'accrurent beaucoup et empêchèrent aux curieux d'en dépasser les bords.

M. le marquis de La Poype, qui habitait son château de Hière avant la révolution de 1789, fut un des premiers qui visitèrent le fond du lac. Il y fit une excursion, en 1780, dans une nacelle transportée préalablement sur les lieux, et en écrivit la description qui parut dans le *Journal de Lyon*, en 1784.

L'exploration la plus hardiment entreprise fut celle que tenta, deux années plus tard, feu Monsieur Bourry aîné, ancien président du Consistoire de Lyon.

Ce savant, poussé par le désir de connaître les causes de la formation du lac, et de voir les beautés qu'il renferme, tenta un audacieux voyage à la nage : voyage dont il faillit être victime.

Il disposa un montant d'échelle dans les trous duquel il adapta des chandelles, et une boîte contenant sa montre, une sonde, un thermomètre, un briquet et une carte hydrographique du lac, tracée de souvenir par M. de La Poype. Un domestique, qui l'accompagnait, bien décidé d'abord à le suivre partout, ne voulut pas se mettre à l'eau avec lui; tous les arguments ne purent surmonter sa frayeur. M. Bourry entreprit donc seul le voyage dans ces eaux souterraines.

Voici comment s'exprime à ce sujet ce spirituel écrivain dans une description écrite en forme de lettres à l'un de ses amis, lettres qui furent plus tard livrées à la publicité :

« Sous le bras gauche je tenais ma branche d'échelle qui me servait d'appui, tandis que je me dirigeais du bras droit et des jambes. Cette manière de nager soulage beaucoup, permet une attitude plus droite, plus commode, et laisse presque l'usage des mains. Quelques coups que je me donnai me firent apercevoir que je pouvais prendre pied ; alors je marchai quelque temps à moitié hors de l'eau, et je pus me familiariser avec l'endroit extraordinaire dans lequel je m'étais enfoncé ; bientôt cependant, l'eau étant devenue plus profonde, je fus obligé de me remettre à la nage ; mais j'avançai avec lenteur pour prévenir tout accident.

« La fraîcheur de l'eau, la pureté de l'air, l'extraordinaire de ma situation, tout portait mon âme à l'exaltation : j'étais hors de la vue de mes guides (les sinuosités du lac ne permettant pas de le voir dans son ensemble) ; je les appelai de toutes mes forces, je prêtai l'oreille, une espèce de bruissement précéda le son qui m'apporta bientôt leur réponse. J'avançai encore, et alors, comme si j'eusse rompu tout rapport avec les hommes, je tombai insensiblement dans une sorte d'extase, j'oubliai le but de mon expédition, je sortis de l'eau pour m'asseoir sur la saillie d'un rocher qui forme une étroite presqu'île, et je m'abandonnai tout entier à la méditation.

« Mes regards attentifs parcouraient doucement la voûte de la Grotte ; l'éclat de mes lumières dans ce lieu de ténèbres, la limpidité des eaux qui les réfléchissaient, le sillon d'or formé par leur longue trainée, et le profond silence qui régnait autour de moi, me causèrent une émotion secrète qui tenait le milieu entre la crainte et le ravissement.

« J'oubliai le monde, ou plutôt je n'y pensai que pour lui dire comme un éternel adieu. Une montagne me recouvrait, une montagne m'interceptait la lumière du ciel ; je ne respirais plus un air commun à tous les hommes ; j'habitais une autre sphère. Quelquefois aussi je croyais que la voûte s'affaissant, allait m'abimer sous ses ruines, ou qu'une masse d'eau s'élevant jusqu'à elle, allait m'ensevelir dans son sein. Cependant, je ne sais par quelle espèce de charme ces pensées, si propres à me pénétrer de terreur, ne m'effrayèrent point ; elles furent bientôt absorbées par un vif sentiment d'admiration des merveilles que j'avais sous les yeux, et me reportèrent à leur divin Auteur. Alors je ne vis plus que lui, je me crus seul en sa présence ; les murs, les voûtes, le lac me parurent un temple magique, enchanté, où tout portait son empreinte ; mon cœur agité crut le voir, le sentir, et, dans un enthousiasme que je n'éprouvai que là, je fis retentir la rotonde où j'étais, par le chant d'une ode du grand Rousseau, et dont la belle musique, composée par mon père, répondait si bien à l'exaltation de ma pensée.

« Revenu de cette espèce de transport religieux dont il serait difficile de rendre le charme, je repris ma natation, et j'arrivai dans un endroit où la voûte plus exhaussée et le lac plus étendu forment une salle qui semble n'avoir point d'issue. Au premier coup d'œil je crus avoir terminé ma course; néanmoins en faisant le tour de ce bassin, où mes lumières produisaient une agréable illumination répétée dans l'eau, je trouvai une ouverture, mais si basse et si étroite, qu'il me fallut beaucoup de précaution pour y passer ma personne et mon équipage. Ce fut alors que j'entendis un petit bruit semblable à celui d'un ruisseau; j'eus d'abord une légère frayeur, mais dont je revins presque aussitôt en pensant que j'allais trouver l'endroit par lequel les eaux se rendent dans le lac; cependant mes recherches furent infructueuses, et je compris que ce murmure n'était causé que par les vagues que je faisais en nageant, et qui allaient doucement se briser contre les parois du rocher.

« Parvenu à l'extrémité du lac, j'en cherchai inutilement la source, et dans tout le temps de ma natation, qui dura une heure, je n'entendis pas la moindre goutte tomber dans l'eau, je la trouvai d'un calme parfait; or si la source eût été dans le lac même, je l'aurais certainement découverte à cause de son extrême limpidité, qui permet partout d'en voir distinctement le fond. Je ne restai pas longtemps à l'extrémité du lac où je ne découvris rien d'aussi intéressant que je l'avais d'abord supposé.

« Je me hâtai donc de revenir ; la faim me dévorait ; d'ailleurs mes chandelles répandaient une fumée qui, ne trouvant pas d'issue, me fatiguait ; un frisson refroidissait mon ardeur, et ma curiosité satisfaite n'avait plus d'aliment. »

De dix-huit flambeaux que ce hardi explorateur avait en pénétrant dans le lac, il n'en restait que trois d'allumés à son retour. L'humidité, le rejaillissement de l'eau et les chocs les avaient successivement éteints, ce dont il ne s'aperçut pas. Si sa navigation avait duré plus longtemps, il se serait trouvé tout à coup dans l'obscurité, sans pouvoir refaire du feu, puisque la mouillure avait atteint les petites provisions renfermées dans la boîte. Malgré son engourdissement, il voulut perpétuer le souvenir de son voyage, en gravant sur la stalactite, que l'on voit entre les bassins et les puits, l'inscription suivante :

LE 27 AOUT 1782, P. BOURRY, FILS DE L'AUTEUR
DES DESCRIPTIONS DES ALPES, A ÉTÉ A LA
NAGE AU BOUT DU LAC.

Cette vanité faillit lui coûter la vie, car étant resté longtemps à ce travail, il fut atteint d'une fièvre maligne qui le conduisit aux portes du tombeau.

Aujourd'hui, un voyage sur ce lac souterrain est un plaisir sans danger, mais non pas sans fatigue. Les fermiers de la Grotte y entretiennent un bateau en bon état. Cependant, pour que la peine ne dépasse pas le plaisir, il ne faut s'embarquer que trois ou quatre au plus, y compris le conducteur. Dans certains endroits la voûte s'abaisse tellement, qu'il faut presque se coucher dans le bateau; dans d'autres, le bateau trouve juste son passage au travers des saillies du rocher, il faut alors, pour éviter les meurtrissures, se pencher tantôt d'un côté, tantôt d'un autre : ajoutez à cela l'attention qu'il faut avoir pour conserver les lumières, ainsi que l'équilibre dans le bateau qui, n'étant jamais exposé à l'air libre, est constamment recouvert par une humidité très-glissante.

Il règne près du lac une grande fraîcheur. A l'entrée de la Grotte on sent, dans la belle saison, un petit air frais qui tient le mercure 3 ou 4 degrés plus bas que dans les lieux ordinaires; plus on s'enfonce dans ces galeries souterraines, plus il descend. Voici le résultat de mes observations :

EXPÉRIENCES THERMOMÉTRIQUES.

Dans la plaine . . . . 14° au-dessus de 0.
Sous le vestibule de la Grotte. 10°   id.
Dans la Grotte des Diamants 8°   id.
Près du lac . . . . 6°   id.
Au fond du lac . . . . 4°   id.

GROTTE DES CHAUVES-SOURIS.

Après la grotte du lac il y a la grotte des Chauves-Souris, qui forme la deuxième branche principale, dont le visiteur aperçoit l'ouverture dans le grand vestibule où sont placées les chapelles. Par son élévation et par l'entassement des débris qui l'entourent, cette partie de la Grotte paraît presque inaccessible; cependant, après quelques difficultés, on parvient bientôt au niveau de son orifice. Les parois crevassées, et les décombres beaucoup plus considérables qu'ailleurs qui garnissent ses abords, démontrent d'une manière certaine qu'elle fut formée par de violentes secousses. Parvenu à la hauteur du corridor souterrain, le visiteur jouit d'un autre effet fort curieux : c'est le grand vestibule et les chapelles qu'il recouvre, dont on voit encore une partie à la faveur du demi-jour qui pénètre jusque-là.

En avançant dans cette nouvelle galerie, on

arrive, par un chemin assez facile, à une grande *Stalagmite* haute de 3 mètres ; par sa forme, on croit voir un homme couvert d'une longue robe blanche, la tête surmontée d'un capuchon : ce qui lui a fait donner le nom de *capucin*.

C'est près de ces lieux qu'on trouva jadis des instruments de faux-monnayeurs ; ce qui fait supposer qu'ils avaient choisi cette partie peu connue de la Grotte, pour exercer leur coupable industrie. On compte, depuis l'entrée de la Grotte jusqu'à la figure du *capucin*, 146 mètres environ.

En avançant davantage, on arrive près d'une autre *Stalagmite* en forme de bassins ; ce singulier ouvrage des eaux mérite d'être examiné attentivement : c'est un des jolis morceaux de cette partie de la Grotte ; il est désigné sous le nom des *poêles-à-frire*.

La salle des Chauves-Souris, que l'on trouve près de là, fut ainsi nommée par les premiers qui visitèrent cette galerie, en raison de la quantité de ces animaux qu'ils y trouvèrent réunis. Leur nombre était tellement considérable, que les parois de cette espèce de salle en étaient complétement cachées. Leur ordure répandait autrefois une odeur méphitique, et rendait ce passage très-glissant ; les habitants de La Balme eurent l'idée de l'extraire pour la joindre au fumier : ce qui, en effet, fit un très-bon engrais.

Cette branche de la Grotte est plus régulière que la branche du lac, et se maintient presque dans toute sa longueur, dans une largeur de 10 mètres. Son sol uni est formé d'une roche dont toutes les inégalités sont arrondies, et couvertes d'un sédiment de couleur grisâtre. D'après ces observations, il est évident que cette galerie fut autrefois le lit d'un lac; que des eaux souterraines y séjournèrent longtemps, et finirent par s'écouler en laissant sur le rocher les concrétions pierreuses que l'on y remarque.

Cette partie de la Grotte est remarquable par le grand nombre de *Stalagmites* et *Stalactites* que l'on y rencontre ; on les désigne chacune par une qualification particulière, tel que *la boutique du charcutier, les saucissons, les jambons, les tuyaux d'orgue, les larmes, les bandes de lard, la tête de mort, le chameau couché, le chat qui dort, etc.* ; enfin, la voûte de la salle, où est placée la figure du *capucin*, est resplendissante de cristallisations.

On compte 100 mètres depuis la figure dite du *capucin* jusqu'au fond de la Grotte : ce qui, en ajoutant les 146 mètres depuis l'entrée jusqu'à cette figure, donne 246 mètres pour toute l'étendue de la galerie des Chauves-Souris, à l'extrémité de laquelle on remarque un grand bassin surmonté d'une colonne qui semble soutenir la voûte ; elle est formée par une stalagmite et une stalactite qui se sont réunies à la longue; les eaux, en découlant le long de ce pilier, remplissent le joli bassin placé au-dessous.

On parvient, par cette branche de la Grotte, à un labyrinthe curieux nommé *l'appartement du roi :* il est formé de fissures ou crevasses perpendiculaires, hautes de 2 à 7 mètres et fort étroites, puisque dans certains endroits un homme ordinaire ne peut y passer même en marchant de côté. Il semble, en circulant dans ces fissures, que le rocher va se refermer sur vous, et vous écraser entre ses parois. En parcourant ce labyrinthe, dans lequel il ne faut pas s'engager sans un guide expérimenté, on parvient dans la partie de la montagne qui forme la voûte du grand vestibule au-dessus des chapelles (que l'on voit ainsi qu'une partie de l'entrée et les maisons environnantes), par une ouverture dans la partie culminante de la voûte : c'est le *balcon de François Ier.*

La montagne, outre les excavations que je viens de décrire, renferme plusieurs autres grottes inaccessibles et inexplorées; d'autres très-dangereuses, mais connues cependant. Il faut ranger parmi ces dernières celle qui fut découverte au commencement de ce siècle, et à laquelle on parvient par la branche des Chauves-Souris. Il y a un véritable danger à parcourir cette galerie, car, dans presque toute sa longueur, son sol, complétement percé, communique à des excavations inférieures. Il paraît que cette grotte a été faite par un courant dont le lit peu solide a cédé à l'effort de l'eau qui l'aura coupé, et se sera fait jour dans la grotte des Chauves-Souris, située en partie au-dessous.

La chaîne de montagne de LA BALME est calcaire ; son enveloppe extérieure est un composé de coquillages de toute espèce, liés par un tritus de même nature. L'intérieur de la Grotte, outre plusieurs grandes et belles coquilles pétrifiées, renferme des calcédoines, des agates, et l'on y a découvert quelques cristaux. Au fond du lac on trouve une grande variété de madrépores. Il n'y a aucun poisson dans ses eaux : leur limpidité, qui permet d'en voir le fond et les parois, dans leur plus grande profondeur, facilite la vérification de mon assertion ; je n'y ai rencontré que quelques petits escargots, et un grand nombre de chauves-souris suspendues aux voûtes.

Cette magnifique excavation fut formée par l'action des eaux : l'inspection des lieux le démontre d'une manière positive, car, à part quelques fragments du rocher enlevés près de l'entrée, cette Grotte ne renferme aucune trace d'ouvrages humains. Partout, au contraire, on découvre l'action des eaux et du temps. L'eau des pluies et celle du Rhône concoururent chacune à la formation de cette merveille. Comme je l'ai dit en commençant, le Rhône autrefois battait les flancs de la montagne de La Balme; on suppose avec raison qu'il a, comme dans beaucoup d'autres lieux, par des reflux particuliers, rongé les rochers et creusé des excavations plus ou moins profondes. A ce travail incessant et immense des courants du fleuve, s'unit l'action des pluies qui, en alimentant les sources formées dans la partie supérieure de la montagne, s'infiltrèrent au travers de cette roche calcaire, facile à ronger par rapport à ses couches feuilletées, et avec le temps se réuniront aux parties inférieures déjà entamées par le Rhône.

Si ce dernier, aux époques antérieures, contribua à la formation de ces remarquables cavités, maintenant il y est tout à fait étranger et n'a aucune action sur elles. Sa coopération passée ne se révèle même plus par son sable, lequel est enfoui et recouvert par celui de la Grotte, qui est calcaire comme la montagne qui le produit, tandis que celui du fleuve est granitique presque partout.

Le lac, dans l'intérieur de la Grotte, est indépendant du Rhône, et ne croit jamais avec lui. Ses crues n'ont lieu qu'après de grandes pluies successives ; aussi, dans les saisons pluvieuses, il est impossible de dépasser les bassins près du lac, car les eaux surmontent le niveau des puits, atteignent la voûte, et obstruent entièrement le passage. Il est à remarquer que le dessus de la montagne, en suivant, avec l'aide d'une boussole, la direction de la galerie au bout de laquelle est placé le lac, prend un niveau descendant plutôt qu'ascendant; ce qui explique assez clairement la tendance des eaux à se réunir dans le réservoir (ou lac) du fond de la Grotte, et en même temps les suintements continuels qui se produisent au fond de la branche des Chauves-Souris.

La Grotte de LA BALME est visitée par un grand nombre d'étrangers; la renommée dont elle jouit en Europe y attire, chaque année, une foule de savants. La multitude de noms gravés contre les parois du rocher, à l'entrée et dans l'intérieur des différentes galeries, sont une preuve de l'admiration des générations passées et présentes pour ce chef-d'œuvre de la nature.

Pendant la belle saison il s'organise, à Lyon, des convois spéciaux, soit par les bateaux à vapeur, soit par les voitures ; ce qui procure aux amateurs la facilité de faire cette excursion à peu de frais.

Pendant la saison pluvieuse, une grande partie de la Grotte est obstruée par les eaux qui dégorgent du lac ou découlent des voûtes. Le sol rocailleux est recouvert d'un limon glissant, qui rend la marche excessivement difficile, et parfois dangereuse dans certains endroits. Il faut donc, pour visiter aussi commodément que possible toutes les parties de la Grotte, choisir un temps sec ; les mois de juillet et août sont les plus favorables.

www.ingramcontent.com/pod-product-compliance
Lightning Source LLC
Chambersburg PA
CBHW060909050426
42453CB00010B/1627